SKYLANDERS UNIVERSE™

CHERCHE ET TROUVE

hachette

FOSSE CHOMPY

D'ordinaire, je te suggérerais de ne pas t'attarder parmi une telle foule de Chompies, mais comme il semble que certains de mes objets magiques ont atterri ici, je crains que tu n'aies pas le choix. Juste un conseil : évite de te faire mordre !

- ○ 1 part de gâteau
- ○ le sceptre de Maître Eon
- ○ 1 parchemin
- ○ 4 pièces d'or
- ○ 1 coffre aux trésors
- ○ le crayon de Onk
- ○ 1 mouton inquiet
- ○ 1 Chompy violet
- ○ Glumshanks
- ○ le boomerang de pierre de Dino Rang

L'ÎLE DU BUTIN

Ah, la vue des pirates me fait vraiment friser la barbe ! Ils trichent, pillent et mettent tout à sac ! Regarde cette pagaille ! Et dire que ma boule de cristal est quelque part dans ce bazar...

- ○ 1 tranche de pastèque
- ○ la boule de cristal de Maître Eon
- ○ 1 parchemin
- ○ 4 pièces d'or
- ○ 1 mouton portant un chapeau de pirate
- ○ 1 Troll portant des brassards
- ○ 1 Robbie putride
- ○ la hache de Voodood
- ○ 2 pirates jouant aux Skystones
- ○ 1 enclume
- ○
- ○
- ○

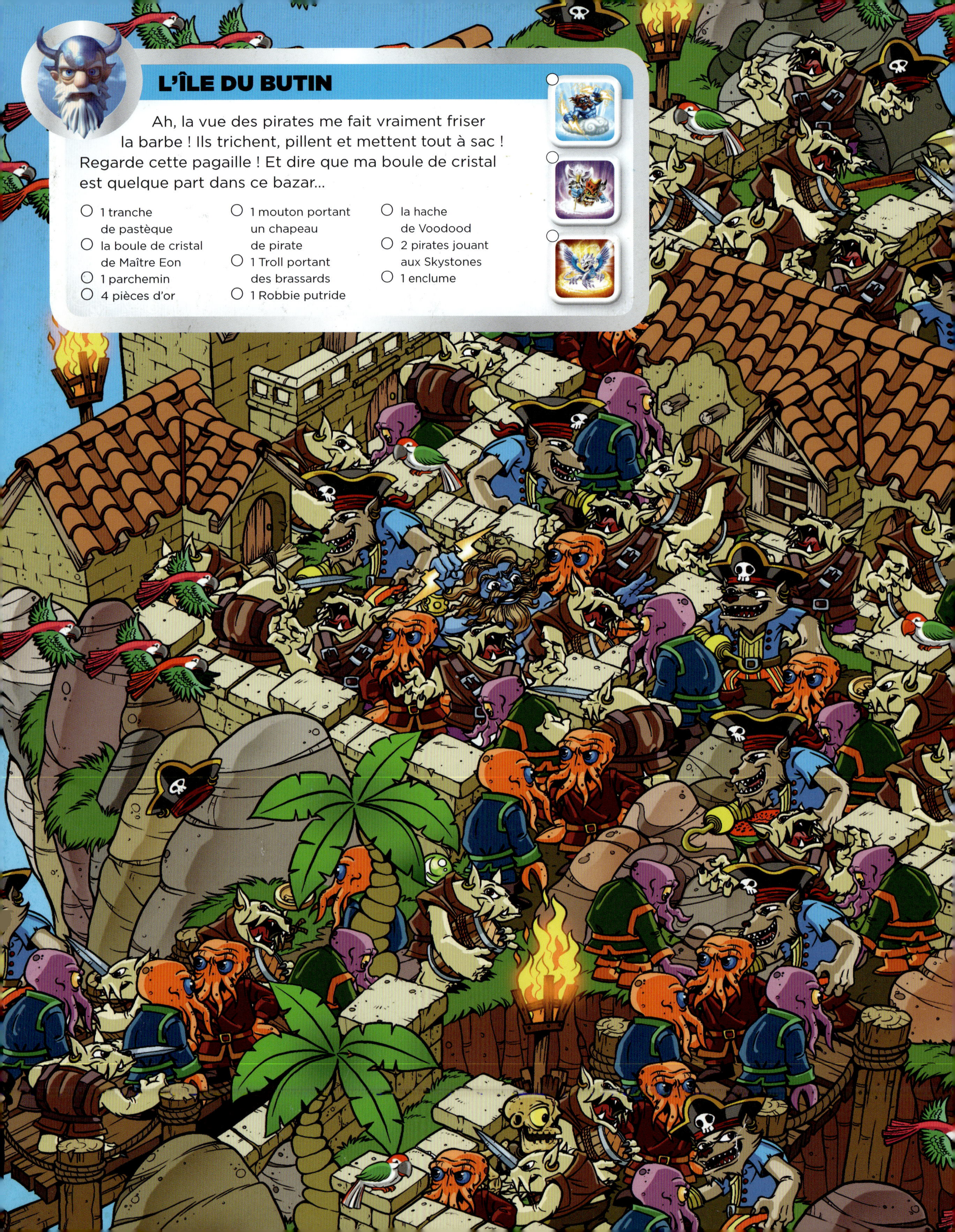

LA FORÊT DE LA PEUR

Ce n'est définitivement pas le genre de lieu où tu aurais l'idée de flâner pour promener ton chien le dimanche (sauf s'il s'agit de Hot Dog !), mais il va falloir y faire un petit tour quand même. Il faut absolument retrouver ma boussole.

- ○ 1 bout de fromage
- ○ la boussole de Maître Eon
- ○ 1 parchemin
- ○ 1 œuf de dragon
- ○ 1 mouton broutant une brindille
- ○ 1 Troll portant des brassards
- ○ un casque de Viking
- ○ le bâton de sorcier de Double Trouble
- ○ 1 perroquet de pirate

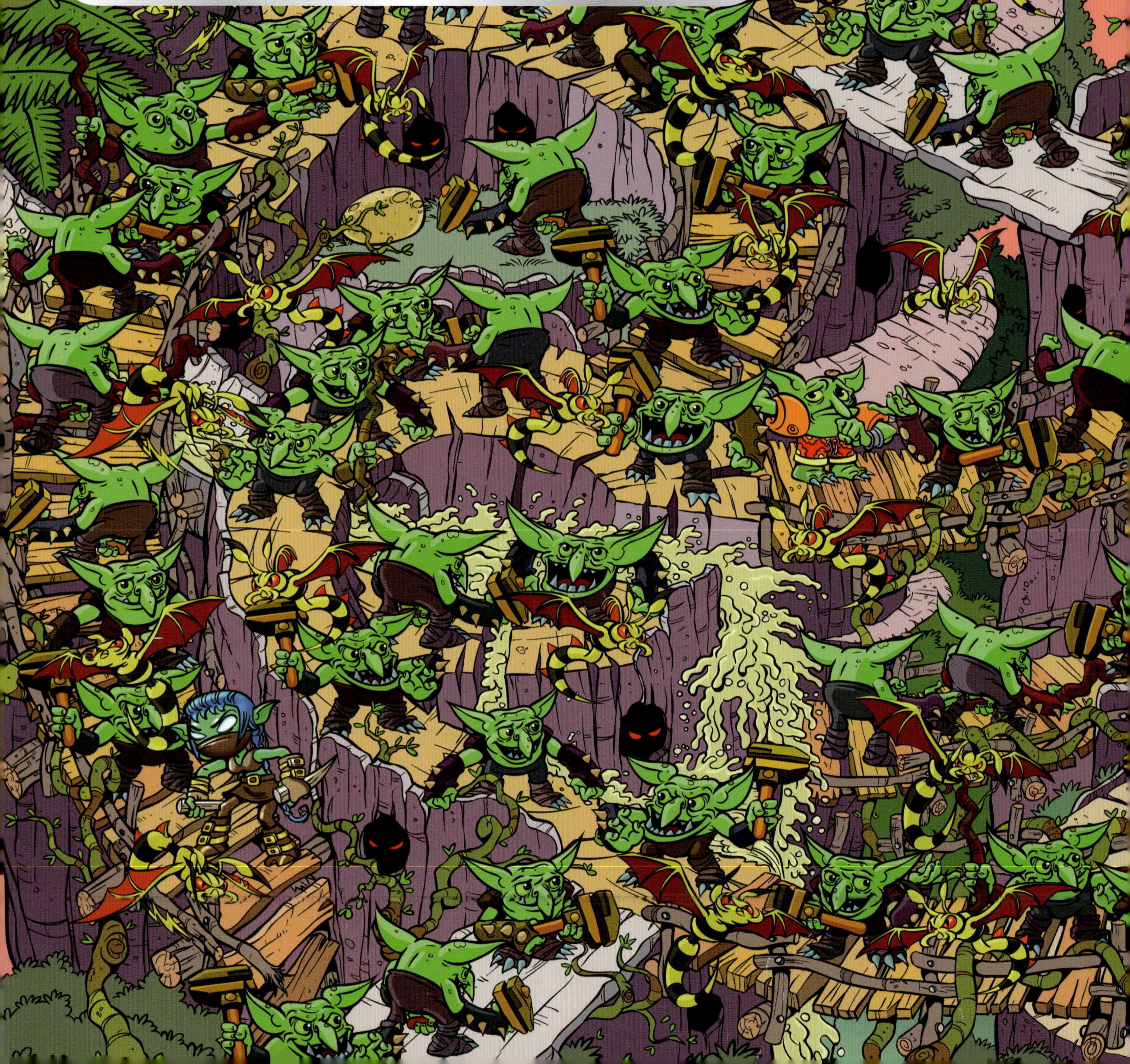

EMPIRE GLACÉ

Aussi tentant que ce soit de se lancer dans une bataille de boules de neige, ce n'est pas le moment de chahuter. Il y a de précieux objets à récupérer ici.

- ○ 1 cuisse de poulet
- ○ la louche de Maître Eon
- ○ 1 parchemin
- ○ 1 cyclope tirant une luge avec son écharpe
- ○ 1 mouton avec une écharpe et un bonnet
- ○ 1 Chompy
- ○ 1 Mage voyou de la vie
- ○ 1 chapeau haut de forme marron
- ○ la clé plate de Sprocket
- ○ 1 perroquet de pirate

LACS DE LAVE

Quelle chaleur ! Mieux vaut ne pas traîner ici si tu ne veux pas finir avec les pieds grillés. D'ailleurs, mieux vaut partir au plus vite. Mais pas avant d'avoir retrouvé mon stylo-plume.

- ○ 1 part de pizza
- ○ le stylo-plume de Maître Eon
- ○ 1 parchemin
- ○ 1 Troll portant des brassards
- ○ 1 mouton portant un masque de vulcanologue
- ○ 1 Chompy
- ○ 1 Robbie putride
- ○ 1 toque de cuisinier
- ○ 1 Mage voyou de la vie
- ○ les lunettes d'Hugo

AU MARCHÉ MABU

On peut trouver des choses merveilleuses au marché Mabu. Mais nous ne sommes pas là pour faire du shopping, malheureusement. Fraye-toi un chemin parmi la foule et essaye de retrouver ma flûte magique qui semble avoir été envoyée en ce lieu.

- ○ 1 bretzel
- ○ la flûte de Maître Eon
- ○ 1 parchemin
- ○ 1 mouton servant de table
- ○ 1 Troll portant des brassards
- ○ 1 Mage voyou de la vie
- ○ 1 Chompy
- ○ 1 bonhomme de neige
- ○ 1 diablotin de feu
- ○ 1 chapeau de bouffon

DANS LES CARRIÈRES

Les Skylands regorgent de carrières. Et dans les plus profonds de ces lieux sous-terrains, il n'est pas rare de rencontrer des Marcheurs de Roche. Regarde comme ils sont nombreux, ici ! J'espère que tu parviendras à retrouver les clefs de ma citadelle pami cette foule !

- ○ 1 part de gâteau
- ○ les clefs de Maître Eon
- ○ 1 parchemin
- ○ Hob'n Yaro tenant une pièce d'or
- ○ 1 mouton couvert de poussière
- ○ 1 Chompy
- ○ 1 Troll portant des brassards
- ○ 1 Robbie putride
- ○ 1 Mage voyou de la vie
- ○ 1 diablotin de feu
- ○ 1 casquette à hélice
- ○ la masse de Wham-Shell

L'ÎLE AUX TORTUES

Bien, jeune Maître du Portail, tu as déjà parcouru beaucoup de chemin jusqu'ici. Je suis impressionné. Mais l'île aux tortues est envahie par des vilains et ma sacoche se trouve quelque part dans cette pagaille !

- ○ 1 glace
- ○ la sacoche de Maître Eon
- ○ 1 parchemin
- ○ 1 bonhomme de neige
- ○ 1 mouton portant un masque et un tuba
- ○ 1 Mage voyou de la vie
- ○ 1 Chompy
- ○ 1 Troll portant des brassards
- ○ 1 Robbie putride
- ○ 1 diablotin de feu
- ○ 1 Mabu
- ○ 1 araignée de meute
- ○ 1 chapeau totem
- ○ 1 pastèque explosive de Camo

AU CHÂTEAU DE KAOS

Nous y voilà. Jusqu'ici nous avons évité que Kaos ne mette la main sur quelques uns des objets magiques les plus importants des Skylands. Malheureusement, mon encyclopédie des Skylands reste encore à chercher...

- ○ 1 cookie
- ○ l'encyclopédie de Maître Eon
- ○ 1 parchemin
- ○ 1 Robbie putride
- ○ 1 Mabu
- ○ 1 Mage voyou de la vie
- ○ 1 perroquet de pirate
- ○ 1 mouton portant un casque de soldat
- ○ 1 bonhomme de neige
- ○ 1 diablotin de feu
- ○ 1 araignée de meute
- ○ 1 diodon
- ○ des oreilles de lapin
- ○ la chaîne et le boulet de Ghost Roaster

Tu trouveras ci-dessous les solutions classées par code couleur selon les catégories :

- O Objet magique
- O Parchemin
- O Nourriture
- O Skylanders
- O Bonus

FOSSE CHOMPY

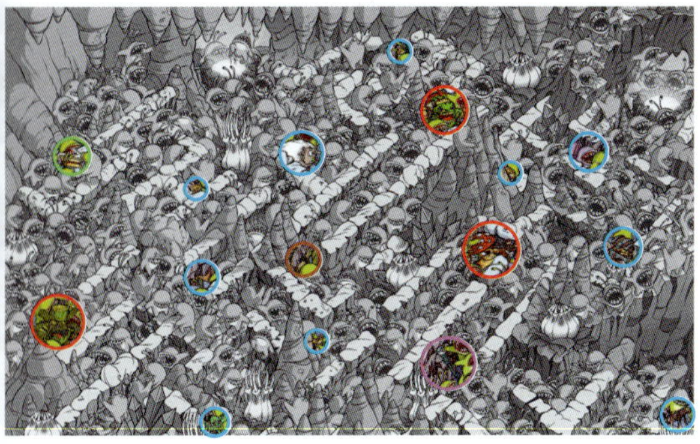

L'ÎLE DU BUTIN

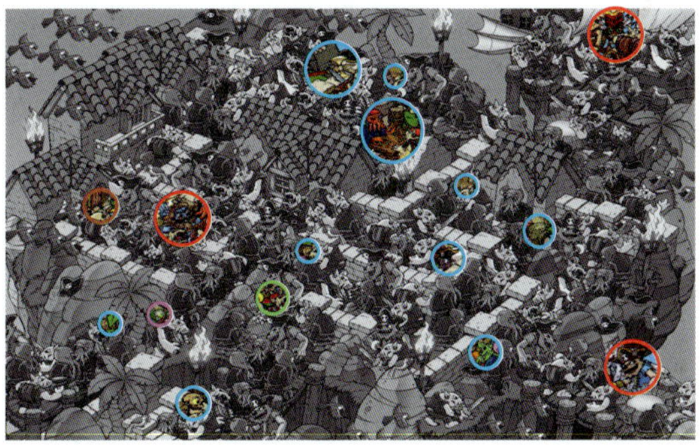

LA FORÊT DE LA PEUR

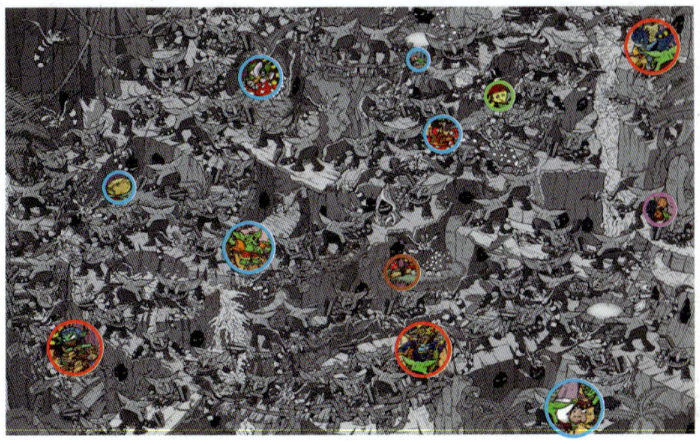

EMPIRE GLACÉ

LACS DE LAVE

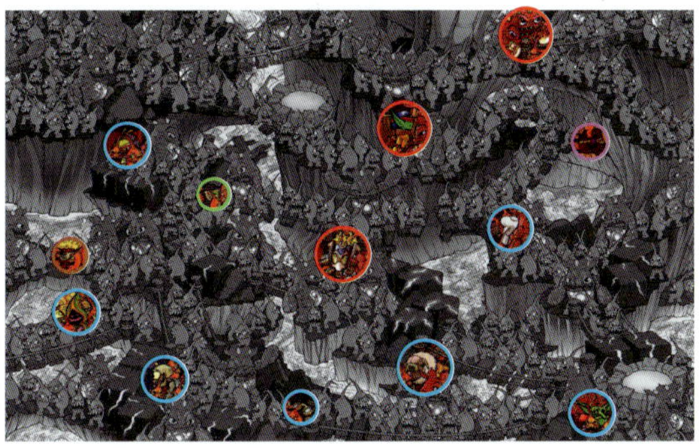

AU MARCHÉ MABU

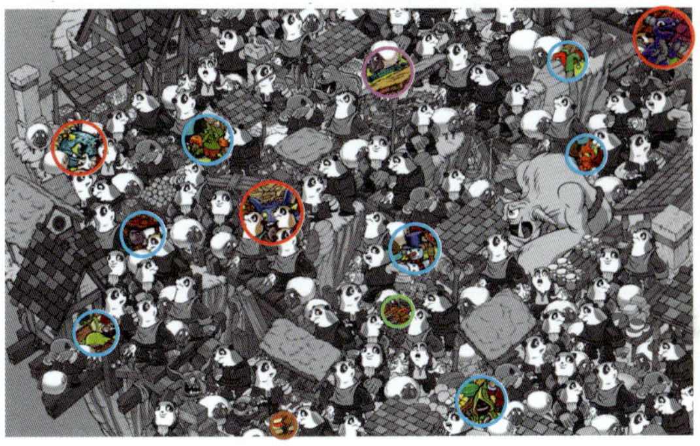

DANS LES CARRIÈRES

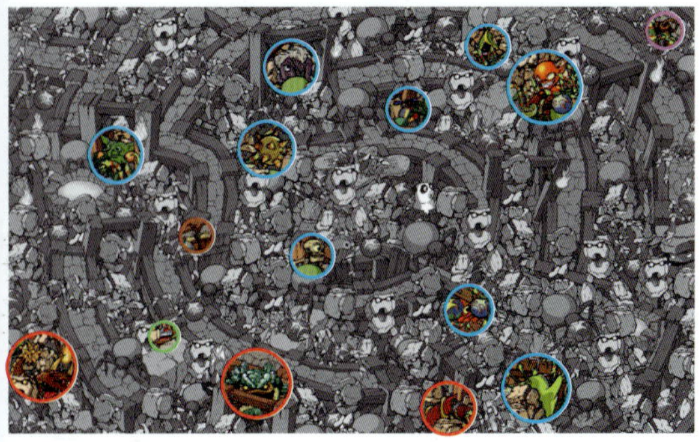

L'ÎLE AUX TORTUES

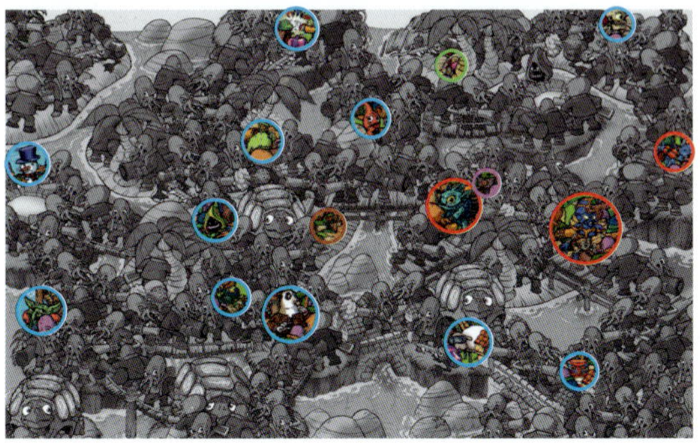

AU CHÂTEAU DE KAOS

SOLUTIONS